Salam & Sapaan

Hai-Kata yang biasa kita ucapkan ketika bertemu dan saling menyapa. Good Morning, Bonjour, Sawadikap, Ohayou Gozaimasu sudah banyak kita dengar sebagai salam dari berbagai macam belahan dunia. Tak lupa Bali, Pulau Dewata Pulau seribu pura pun memiliki salamnya sendiri. Kita mengucapkannya dengan Om Swastiastu dengan kedua tangan yang disatukan di depan dada dan ujung jari mengarah ke atas. Namun itu tidak wajib, menyesuaikan kondisi. Setiap kalian sampai di Bali, kalimat tersebut tidak akan asing lagi terdengar karena akan kami ucapkan setiap bertemu. Semua tempat di bali akan menyambut kalian dengan Om Swastiastu. Orang bali menyebutnya sebagai salam dan menyimpan arti yang sangat menenangkan.

Om: *Tuhan yang kita sebut sebagai Sang Hyang Widhi*
Su: *baik*
Asti: *ada*
Astu: *semoga*

Semoga ada dalam keadaan baik atas karunia Tuhan. Sangat menenangkan kita bisa saling mengucap salam dan sambil saling mendoakan. Sambutan tersebut akan mendoakan kalian untuk selalu dilindungi oleh Tuhan dan hidup harmonis sesama makluk hidup lainnya.

Awal yang cukup menenangkan bukan? Sangat banyak hal yang menenangkan lainnya yang bisa kalian temui di Bali.

Om Suastiastu juga biasa diucapkan ketika seseorang melakukan sebuah pidato, persembahyangan dan doa umat hindu. Keharmonisan yang tercipta sebetulnya berasal dari hubungan kita dengan sesama makhluk hidup. Saling menghargai menjadi kunci utama dalam mengurangi perselisihan. Ada orang berkata bahwa ucapan adalah doa. Dimana semua kalimat yang kita lontarkan bisa menjadi doa yang kita berikan kepada lawan bicara. Om Suastiastu merupakan kalimat positif untuk mendoakan orang lain demi keharmonisan bersama. Namun, setiap awal pasti selalu memiliki akhir.

Kata Om Suastiastu akan diakhiri dengan Om Santih Santih Santih Om di setiap doa dan setiap pidato di Bali. Setiap ucapan dalam Agama Hindu dipercaya sebagai doa, sehingga umat Hindu selalu diajarkan untuk berusaha mengucapkan kata-kata baik agar diberkati dengan hal baik. Om Santih Santih Santih Om akan menjadi kalimat penutup yang memiliki arti menenangkan.

Om: *Tuhan yang kita sebut sebagai Sang Hyang Widhi*
Santih: *Damai*

Kata penutup ini memiliki arti Semoga selamat dan semoga damai di hati, damai di bumi, dan damai selalu. Harapan dari pengucapan ungkapan tersebut adalah agar apa yang ditulis, apa yang dilakukan, atau persembahyangan yang dilakukan membawa kedamaian dan kebaikan.

Nah, sekarang anda sudah mengetahui dua kalimat umum yang sering terdengar di pulau Bali. Setiap kalimat yang kita ucapkan akan selalu membawa niat damai. Jadi tunggu apa lagi? Ayo, berkunjung ke pulau Bali!

- Triana Ardi

Penerbit
Earth Afloat Publishing

Direktur Karya Seni & Redaktur eksekutif
Thirumoolar Devar

Redaktur
Kayli Wouters

Administrasi
Farin Mufarohah

Penulis
Kayli Wouters
Triana Ardi
Allison Moore
Thirumoolar Devar

Terjemahan
Kayli Wouters
Farin Mufarohah

Ilustrasi
Ngurah Yudha

InDesign Layout & Produksi Iklan
Thirumoolar Devar

Fotografi Sampul: @frenzezca
Fransisca Kusumaningrum
Designer Oedel: Theresia Debby
@oedelstyle @dbee_curly
Talent: Anggun Dae
@anggundae
Locasi: Jati Luwih, Bali

HowToBali.com
Produser
Thirumoolar Devar
Pemrograman
Fery Satria Kristianto
Desain Grafis
Valencia Huang

EARTH AFLOAT PUBLISHING
© HAK CIPTA 2023
EDISI BAHASA INDONESIA
ISBN: 979-8-9878538-9-4

I0106097

Lihatlah ke dalam

Earth Afloat!

Cokelat Organik

Mural itu langsung menarik perhatian saya. "Siapa itu,?" Saya bertanya. Alit tertawa kecil dan menjawab, "Dahulu kala, Kakao terbaik diperuntukkan bagi raja. Sekarang, kita semua bisa makan coklat murni seperti bangsawan."

Inilah kisahnya tentang bagaimana beliau memulai Cau Chocolate dan perjalanan yang mengubah hidupnya...

Bali Mantap: Halo!..Terima kasih telah berbincang dengan kami. Kapan anda memulai Cau dan apa yang membuat anda mendirikan Cau?

Alit: Saya adalah seorang penyuluh pertanian yang bekerja di Balai Pengkajian Teknologi Pertanian (BPTP) di Denpasar, Bali. Sebagai seorang penyuluh pertanian, yang telah bekerja lenih dari 35 tahun, dengan pekerjaan utama saya adalah mendampingi petani untuk mengembangkan usahataninya agar bisa memberikan pendapatan yang baik dan mampu memenuhi kebutuhan keluarganya untuk hidup, sekolah dan bergaia kegiatan sosial.

Selama saya bekerja sebagai penyuluh, ternyata sangat sulit untuk meningkatkan pendapatan petani. Hal tersebut disebabkan oleh banyak faktor, seperti serangan hama penyakit terhadap tanaman yang mereka tanam, harga yang sangat murah saat musim panen. Di lain pihak harga sarana produksi pertanian seperti pupuk, pestisida cenderung meningkat dari waktu ke waktu. Akhirnya kesejahteraan petani yang menjadi tujuan penyuluhan pertanian hanya sebuah mimpi.

Setelah saya cermati dengan baik, ternyata kebutuhan petani sangat sederhana, yaitu bagaimana mereka bisa menjual hasil panen dari usahataninya dengan harga yang layak, sehingga memberikan keuntungan yang baik. Intinya adalah sebuah nilai ekonomi yang layak untuk diterima oleh petani.

Nilai ekonomi untuk produk pertanian ada di sektor hilir, sedangkan petani bekerja di sektor hulu.

Oleh karena itu harus orang yang serius untuk memperhatikan hal tersebut. Bagaimana caranya agar nilai ekonomi yang lebih tinggi di bagian hilir (off farm), bisa dinikmati atau diterima oleh petani yang bekerja di bagian hulu (on farm).

Untuk itulah saya mendirikan perusahaan PT. Cau Coklat Internasional, yang mengolah biji kakao yang dihasilkan petani.

Pekerjaan atau profesi saya sebagai seorang penyuluh pertanian tetap bisa saya lakukan, untuk membimbing petani menghasilkan biji kakao yang baik sesuai dengan standard yang kami tetapkan dalam perusahaan. Sehingga semua biji kakao binaan Cau Chocolates dapat kami beli dengan harga yang baik yang pada akhirnya akan mampu memberikan pendapatan yang lebih bagi petani kakao.

Bali Mantap: Apakah cokelat anda organik dan apa arti organik?

Alit: Ya .... saya fokus untuk mengembangkan cokelat organik.

Kebetulan pendidikan Master dan doktor saya adalah tentang Pengelolaan Sumberdaya Alam dan Lingkungan, Saya lulusan dari IPB University Bogor. Saya sedikit mengerti tentang bagaimana kondisi lingkungan kita saat ini, terutama bagaimana dampak pertanian modern terhadap lingkungan dan kesehatan manusia. Kerusakan lingkungan kita kini semakin parah,

dan sangat mengganggu kesehatan manusia. Hal tersebut salah satu penyebabnya adalah meningkatnya penggunaan bahan-bahan kimia sintetis pada sistem budidaya pertanian, yang pada akhirnya menyebabkan makanan dari produk pertanian yang kita konsumsi merupakan makanan yang kurang sehat, karena banyak mengandung bahan-bahan kimia beracun yang ada pada pupuk dan obat-obatan pertanian, yang menjadi residu pada produk pertanian yang kita konsumsi.

Untuk itulah saya fokus untuk mengembangkan pertanian organik, khususnya kakao organik. Pengembangan kakao organik memberikan banyak keuntungan antara lain: 1) Mengurangi penggunaan bahan kimia sintetis pada sistem budidaya pertanian; 2) Akan mengurangi biaya produksi pertanian; 3) produk pertanian yang dihasilkan adalah produk pertanian yang sehat, karena berkurangnya residu bahan kimia beracun dalam produk pertanian tersebut; 4) Lingkungan (tanah, air, udara) juga semakin sehat; 5) Harga produk pertanian yang dihasilkan petani akan lebih mahal; 6) Masyarakat yang mengkonsumsinya juga semakin sehat; 7) dan banyak lagi keuntungan lainnya.

Selanjutnya kami sebagai

pengusaha cokelat yang memproduksi cokelat organik, juga akan mampu memberikan produk cokelat yang sehat bagi konsumen. Karena tidak ada cokelat organik yang akan dihasilkan oleh perusahaan pengolah cokelat, tanpa menggunakan biji kakao organik. Kita ketahui bahwa biji kakao dihasilkan oleh petani kakao, sehingga kerjasama yang baik antara PT. Cau Coklat Internasional dengan petani kakao harus berjalan dengan baik dan harmonis.

Pertanian organik, sesungguhnya adalah sebuah

"Sustainable farming (pertanian berkelanjutan) maksudnya adalah system pertanian yang tidak merusak alam. Pertanian organik adalah salah satu praktek pertanian berkelanjutan. Karena dalam system pertanian organik, sangat selaras dengan philoshophy orang Bali, yaitu Tri Hita Karana, yang bermakna untuk mendapatkan kebahagiaan melalui tiga jalan, yaitu: 1) Menyelaraskan hubungan antara manusia dengan manusia; 2) Menyelaraskan hubungan antara manusia dengan alam (salah satunya melalui pertanian organik); dan 3) Menyelaraskan hubungan antara manusia dengan Tuhan Yang Maha Kuasa.

Apa yang dimaksud dengan berkelanjutan?

proses untuk menghasilkan produk pertanian dengan menggunakan system budidaya organik.

Apa yang dimaksud dengan berkelanjutan?

Alit: Melalui pertanian organik, selain merupakan salah satu implementasi philoshophy orang Bali, juga merupakan salah satu praktek masyarakat khususnya petani dalam menyelamatkan lingkungan, sehingga tetap bisa kita wariskan kepada anak cucu kita dalam kondisi yang baik (tidak rusak). Pertaian organik, selain merupakan sebuah praktek pertanian berkelanjutan juga akan memberikan hasil atau pendapatan yang lebih baik kepada petani sebagai produsen.

Bali Mantap: Apa pendapat anda tentang produk artisan lokal, baik dari segi: komersial/ branding, persaingan lainnya, dan tujuan bersama untuk Bali?

Alit: Cokelat artisan mulai banyak dikenal dan diproduksi oleh beberapa produsen. Umumnya produk artisan, khususnya cokelat artisan memiliki segmen pasar tertentu, karena saat ini cenderung dijual dengan harga yang lebih mahal. Bagi orang awam relative sulit membedakan cokelat artisan dengan cokelat non artisan (cokelat pada umumnya).

Sebagaimana kita ketahui bahwa produk pertanian yang dihasilkan petani akan sangat dipengaruhi oleh berbagai factor lingkungan

dimana dan kapan produk pertanian itu dihasilkan. Seperti biji kakao di Bali, sedikit ada perbedaan rasa antara biji kakao yang dihasilkan oleh petani di kabupaten Tabanan, Buleleng, Jemberana maupun daerah lainnya. Namun rasa itu tidak akan muncul jika tidak dilakukan proses yang baik dan benar dalam menghasilkan cokelat, seperti proses fermentasi, roasting dan lainnya.

Dari segi komersial saat ini secara umum, belum memberikan dampak yang kuat, karena produsen maupun konseumennya masih sangat terbatas. Perlu upaya yang terus-menerus untuk mem-branding produk artisan, apalagi yang berkaitan dengan budaya local.

Bali Mantap: Saya melihat bahwa bekerja untuk mencapai tujuan bisa mengubah kita. Jika Anda berpikir kembali ketika Cau hanyalah sebuah ide, dan bandingkan dengan sekarang, Bagaimana perasaan anda karena telah terlibat secara pribadi?

Alit: Pertama saya meresa sangat bersyukur, karena setidaknya saya bisa membantu para petani khususnya petani kakao di Bali untuk: 1) menghasilkan produk pangan yang sehat; 2) menghasilkan pendapatan yang lebih baik; 3) memberikan kontribusi dalam penyelamatan lingkungan.

Saya semakin percaya diri, bahwa jika kita mau untuk melakukan sesuatu dengan tujuan

yang baik, pasti hal itu akan bisa kita lakukan. Walaupun dalam perjalanannya sangat tidak mudah dan banyak sekali rintangan, baik internal maupun eksternal.

Bali Mantap: Kenapa cokelat meleleh saat di tangan?

Alit: Gokelat yang baik akan meleleh pada suhu 37°C. Kita ketahui bahwa suhu tubuh manusia yang sehat dan normal adalah 37°C. Jadi jika ada cokelat yang meleleh di tangan itu membuktikan bahwa cokelat tersebut adalah cokelat yang asli dan baik dan proses pembuatannya. Oleh karena itu untuk memakan cokelat tidak perlu dikunyah, tetapi cukup di taruh dalam mulut dan cokelat yang baik akan meleleh sendiri dan kita bisa langsung makan..

Berbicara dengan Dr. Ir. I Wayan Alit Artha Wiguna
Wawancara dan Foto oleh Thirumoolar Devar

Cau Chocolates

Batik Modern

Oedel adalah brand pakaian dan fashion yang berkembang yang baru-baru ini dipilih menjadi host di stan konferensi G20. yang memberi pilihan corak alami pada batik. HowToBali bertemu dengan pemilik sekaligus designer, Theresia. Beliau adalah orang Indonesia yang melakukan perjalanan serta tinggal di seluruh dunia. Beliau kembali ke Indonesia untuk mendirikan brand dan tempat di Bali. Kami ingin menanyakan bagaimana beliau bisa berada di titik sekarang ini dan rencana ke depan.

Bali Mantap: Hello! Terimakasih telah meluangkan waktu untuk berbicang-bincang bersama kami.

Kapan anda mulai bermimpi untuk memiki brand sendiri?

Theresia: Pertama kali saya bermimpi untuk mempunyai brand sendiri pada saat saya melakukan perjalan ke Eropa sendirian. Saya mengunjungi 7 negara dan saat saya berada di Belgia, saya melihat banyak sekali toko dengan fashion yang bagus. Kemudian ada suara di kepala saya berkata " Bagaimana jika di sana ada toko fashion tetapi dengan konsep batik?" Saya sangat tertarik dengan kemungkinan untuk menampilkan budaya Indonesia di negara lain.

Bali Mantap: Sejak itu, anda membutuhkan waktu berapa lama untuk membuat logo dan label untuk produk pertama anda, dan produk apa?

Theresia: Setelah perjalanan saya ke Eropa, saya kembali ke Indonesia dan memutuskan untuk pindah ke Bali, hub internasional, dan membuat lini pakaian budaya di sana. Saya ingin Batik Indonesia bisa dibawa ke negara lain. Butuh 5 bulan sampai saya bisa menempatkan logo pada produksi pertama di Pulau Dewata. Produksi pertama adalah baju atasan wanita. Oedel (pusar) menampilkan ini sebagai ekspresi kebebasan dalam gaya dengan paduan budaya.

Bali Mantap: Reaksi apa yang didapatkan saat orang-orang tahu tentang style baru Batik?

Theresia: Reaksi dari turis luar negeri adalah kekaguman mereka akan motif batik Indonesia yang cantik dan proses pembuatannya yang tradisional menggunakan malam panas (hot wax), tak hanya menarik untuk diamati motif - motif batik, namun disetiap guratan motif terdapat cerita atau sejarah.

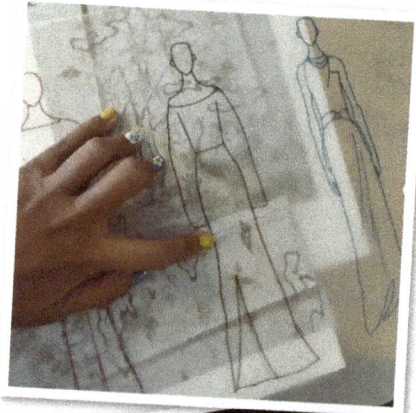

Bali Mantap: Feedback apa yang paling menarik yang anda dapat?

Theresia: Feedback menarik yang saya dapatkan dari beberapa customer langganan adalah mereka sangat menyukai style batik unik Oedel. Mereka menyebutkan bahwa untuk mendapatkan batik yang tepat itu sulit, tapi Oedel dapat memberikan solusi, disamping membawa budaya tetapi tetap terlihat trendi dan stylish.

Bali Mantap: Siapa designer lokal dan pengalaman apa yang menginspirasi anda tentang Batik?

Theresia: Almarhum nenek saya tinggal di Pekalongan, Kota Batik, jadi saya sudah dipapar oleh cerita dan motif-motif batik yang cantik semenjak dini. Kemudian saya pindah ke Salatiga dan hanya 1 jam saja menuju Solo yang merupakan salah satu kota batik juga, disana saya belajar membatik dan menghargai budaya Indonesia lebih lagi. Dari situ, inspirasi saya untuk melestarikan batik dan berbagi cerita lewat motif - motif batik ke dunia.

Bali Mantap: Apa reaksi dan komentar yang anda dapatkan dari orang Indonesia tentang design anda?

Theresia: Reaksi dari turis/ pengunjung dalam negeri mengenai Oedel adalah, pertama mereka akan terbahak/ tertawa karena kata "Oedel"sudah termasuk eye catching dan membawa keingintahuan tentang nama brand itu sendiri (Oedel = pusar), mereka dapat merasakan bahwa karya

Oedel Fashion

Oedel batik itu cantik, berbeda dan unik, tak hanya pilihan motif batik Oedel yang berwarna-warni tapi juga menampilkan modernitas di tiap model nya. mereka benar-benar mengerti bahwa Oedel menjunjung tema tradisional batik yang kekinian/keren.

Bali Mantap: Bagaimana anda bisa terlibat dalam acara G20?

Theresia: Saya mendapatkan undangan dari teman yang aktif dalam "aktifitas kenegaraan." Pertama kali saya ke Bali dan membangun brand batik Oedel, saya tak kenal siapapun, tak tahu acara apa yang mesti diikuti untuk memperkenalkan Oedel ke seluruh umat manusia, jadi saya keliling Bali untuk mencari events seperti Bazaar, Sunday market, weekend market, weekday market di Canggu, Sanur, Uluwatu dan segala ujung Bali. Dari situ saya mendapatkan koneksi dan teman-teman baru dengan perjuangan yang sama, kami berjuang bersama memperkenalkan hasil karya kami. salah satu koneksi yang saya dapatkan adalah seorang pejuang dan multi talented yang sering berkiprah di acara kenegaraan, namanya Meity, dia mengajak saya dan memperkenalkan saya dengan panitia G20 dan kami mendapat spot di G20 di "Pasar Nusa Dua".

Bali Mantap: Bagaimana pengalaman tersebut dan apakah stan lainnya menarik?

Theresia: Pengalaman saya campur aduk, sangat bangga dan berbahagia telah dapat menjadi salah satu partisipan dalam meramaikan acara dunia bersama dengan teman-teman pelaku usaha dari seluruh Indonesia. Banyak sekali karya anak bangsa luar biasa dan pembuatannya dari awal menggunakan tangan, handmade. Juga saya jadi melihat hal baru yang hebat, transportasi listrik dari motor listrik, mobil listrik, bus listrik dan semua dengan desain yang futuristik! Berbagai makanan tradisional pun tersedia, segala sisi dan ujung memiliki stand - stand luar biasa dengan acara yang dihadiri oleh berbagai mentri dan tamu negara!

Bali Mantap: Bagaimana anda melihat Oedel berkembang tahun depan dan tahun-tahun mendatang?

Theresia: Oedel lebih dapat mengerti keinginan pelanggan dari tahun ke tahun dan saya rasa saya menuju ke tahapan untuk membuat karya yang lebih spesifik ke pelanggan, seperti made by order. memberi lebih cerita spesial bagi pelanggan, seperti saat saya membuat outfit khusus untuk event seseorang bernama Tasya Karissa, pendiri Bio rock, saya membuat outfit untuk acara yang diadakan oleh AIS forum dan beliau berbicara didepan 46 delegasi negara mengenai solusi untuk kelautan dunia, desain yang saya tawarkan dengan cerita dari motif batik "Gelombang Laut"yang merepresentasikan topik yang beliau bagikan ke dunia. saat ini, koleksi yang saya buat dapat ditemukan di Bintang Supermarket Ubud dan Seminyak.

Wawancara oleh Thirumoolar Devar

oedel.id

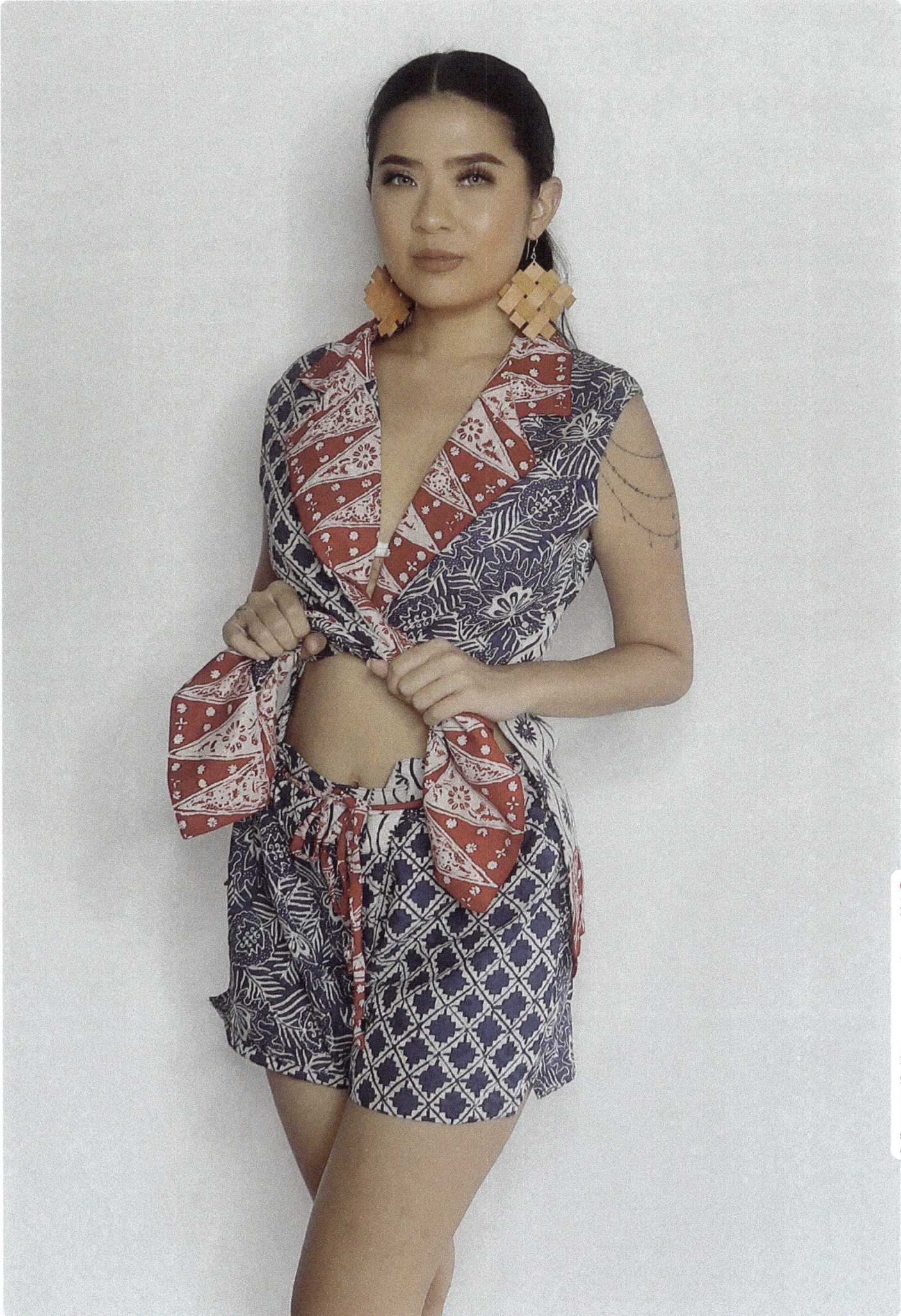

LOMPATAN PULAU: NUSA LEMBONGAN

PROYEK RUMPUT LAUT KUBUS

Informasi diperoleh dari warga lokal I Wayan Dollar Doru

Alur Waktu Pertanian Rumput Laut

Empat dekade terakhir telah terlihat ekspansi yang cepat mendadak berhenti, dan lambatnya perkembangan petanian rumput laut di pulau Lembongan, Ceningan dan Penida. Diperkenalkan pada akhir tahun 1970-an, pertanian rumput laut merah dan hijau cepat berkembang sebagai sumber pendapatan utama bagi Lembongan dan Ceningan. Pertanian dilakukan di sepanjang pantai, mengelilingi hampir semua kedua pulau di lokasi yang ada akses konsisten dengan zona intertidal yang dangkal.

Pada tahun 2014, terjadi pergeseran besar pada pertanian rumput laut, dimana sekitar 90% petani beralih ke pariwisata industri. Ini terjadi bukan karena pariwisata berkembang dan pendapatan secara substansial lebih baik, tapi lebih karena penurunan yang signifikan di dunia internasional. Harga rumput laut. Pada tahun 2014, 1 kilogram rumput laut merah yang sudah kering, dijual dengan harga Rp 3,500. Dan saat ini ada pada harga Rp 12,000 - 14,000. Satu-satunya pertanian rumput laut yang tersisa pada waktu itu terletak di alur Lembongan dan Ceningan, dan digunakan sebagai daya tarik untuk perusahaan wisata.

Akibat pandemi 2020, pariwisata internasional di Indonesia menurun drastis. Jadinya, pertanian rumput laut dimulai lagi pada akhir tahun 2020, sebagai sarana untuk mempertahankan mata pencaharian. Pertanian rumput laut ini bertahan sampai tahun 2022. Sekarang, tanah pertanian rumput laut memiliki kapasitas 60% dari kapasitas sebelum 2014, dan memulai sebuah pergerakan pemberdayaan local yang Bernama Cube Seaweed Project (Proyek Rumput Laut Kubus).

Dari Benih Hingga Panen

keluarga lokal dalam usaha petanian rumput laut memiliki petak di berbagai lokasi di sekitar pulau, dipilih sesuai dengan air laut dan nutrisi yang dibawanya, perbedaan gelombang pasang surut, dan musim. Dari penanaman sampai memanen, proses petanian rumput laut membutuh waktu sekitar 20 sampai 30 hari, dengan tambahan 3 sampai 4 hari untuk pengeringan rumput laut. Biasanya, membutuhkan 8 sampai 9 jam kerja setiap hari, antara memanen rumput laut muda dan sehat untuk penanaman kembali, pengeringan rumput laut yang tua pada saat air surut, persiapan tali baru, pembersihan tali lama, pengeringan rumput laut sepanjang waktu air pasang, dan penanaman kembali pada waktu air surut berikutnya. Penanaman kembali dilakukan secara terus menerus sehingga

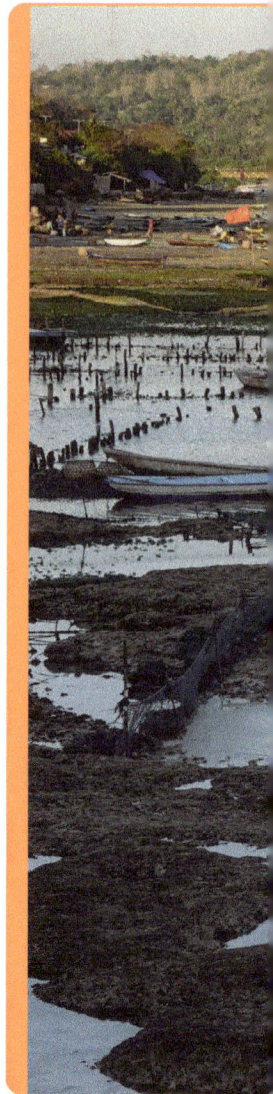

foto: @earthafloat
TheIntenseCalm.com

suatu keluarga mencapai petak kapasitas maksimum, untuk memastikan pasokan rumput laut yang konstan. Pada saat kapasitas tercapai, mereka akan memanen rumput laut untuk dikeringkan dan dijual untuk membuat produk.

Rumput laut hijau kebanyakan ditanam sekitar pulau Lembongan dan Penida dan dijual kering serta harganya lebih mahal daripada rumput laut merah, harganya mencapai Rp 35.000 per kilogram. Setelah dikeringkan, rumput laut tersebut dijual kepada pembeli yang mengirimkannya ke Bali. Kemudian, rumput lautnya dibawa ke Jawa dan didistribusikan secara internasional, terutama ke Cina dan Jepang. Dimana akan digunakan oleh produsen untuk produk kecantikan seperti lotion tangan dan tubuh, shampoo, sabun, make up dan parfum.

Di masa depan, proyek ini akan mengeksplorasi secara lokal untuk menciptakan lebih banyak variasi produk yang bisa dijual langsung ke konsumen secara individual, dan dapat disimpan untuk waktu yang lebih lama.

Di masa depan, proyek ini akan mengeksplorasi secara lokal untuk menciptakan lebih banyak variasi produk yang bisa dijual langsung ke konsumen secara individual, dan dapat disimpan untuk waktu yang lebih lama

Apa Itu Kubus?

Dpada tahun 2022, Proyek Rumput Laut Kubus dibentuk sebagai gerakan untuk menciptakan ekonomi regional mandiri yang memberdayakan petani rumput laut lokal. Proses rumput laut menjadi sebuah produk dilakukan secara lokal sehingga bisa dijual secara langsung, karena memberikan benefit kesehatan. The Cube dengan timnya serta relawan membantu mempromosikan produk rumput laut serta membantu menyiapkan budidaya rumput laut sebagai bentuk ekowisata di pulau-pulau tersebut. Dengan ini bisa membantu petani naik dari dasar rantai pasokan global dan ketergantungan pada harga rumput laut internasional yang sangat berfluktuasi dan memberikan margin yang kecil bagi petani. Produk pertama yang diproduksi dari program ini adalah kubus rumput gel yang ditambahkan restoran ke dalam smoothie mereka dan disebut Good Karma Smoothie.

Cara pembuatan rumput laut kubus adalah dengan memberikan tambahan 1 sampai 2 hari kerja, setelah rumput laut selesai dikeringan. Ini termasuk membilas rumput laut beberapa kali dengan air tawar, merendamnya semalaman, merebus produk dengan bahan tambahan seperti spirulina, kelor dan chlorella. Komponen tambahan tersebut membuat kubus lebih sehat dan bergizi, serta menciptakan kubus berwarna hijau. Setelah campuran direbus, lalu dituangkan ke dalam cetakan, dan dibiarkan mengeras semalaman. Pada hari berikutnya, kubus-kubus tersebut dipotong, dimasukkan ke dalam toples dan disimpan atau didistribusikan sebagai produk ke restoran-restoran yang mendukung Proyek Kubus (The cube).

Di setiap restoran, terdapat smoothie Kesehatan dengan berbagai pilihan dan dikreasikan dengan rumput laut kubus, dan minuman tersebut dinamai "Good Karma Smoothie". Keuntungan dari smoothie tersebut dibagi anatara petani dan proyek The Cube. Program ini tidak hanya menciptakan dampak sosial langsung dengan keuntungan 100+ per kg yang terbukti bagi petani rumput, proyek

foto: @earthafloat
TheIntenseCalm.com

LOMPATAN PULAU: NUSA LEMBONGAN

ini juga memberikan kesinambungan yang berkontribusi pada banyak hal positif termasuk penangkapan karbon dan konsumsi nitrogen.

Di bawah ini adalah daftar pendukung proyek rumput laut kubus di Nusa Lembongan yang menyajikan Good Karma Smoothie. Pastikan mengunjungi tempat-tempat fantastis ini untuk memperkuat ekonomi lokal yang berkelanjutan!

- Ombak Zero Waste Café
- Kayu Lembongan
- Fin Island
- Ginger and Jamu
- Pisang Pisang
- B'Fresh
- Alponte Restaurant
- Bali Eco Deli
- The Sampan
- Ohana's
- World Diving
- Batu Karang

Informasi Lebih Lanjut

Program Good Karma Smoothie sekarang pindah ke pulau Bali dengan di mulai di Ubud. Beberapa restoran populer di Ubud sudah mulai mendukung program tersebut, seperti Sayuris, Alchemy, Kafe dan Pyramids of Chi. Dan semoga lebih banyak lagi yang akan mengikuti.

Apakah Anda ingin mendukung program ini? Saat ini program sedang mencari bantuan untuk mengembangkan di Bali dan mempekerjakan perwakilan di Bali untuk mengimplementasikan program Good Karma Smoothie di restoran. Ada juga grup yang fokus untuk mencoba produk turunan rumput laut yang baru dan memberikan feedback yang bisa Anda ikuti. Kontak paling mudah untuk program ini adalah melalui halaman instagram di mana mereka memberikan pembaruan terus menerus tentang kemajuan program dan peluncuran event: @thecubeseaweed

- Kayli Wouters

Ikut Serta

foto: @earthafloat
TheIntenseCalm.com

OLAHRAGA LUAR RUANGAN : MENYELAM

foto: @earthafloat
TheIntenseCalm.com

Agus Frimanto / Nusa Lembongan Kontak: @frimanto_
Peselancar / Instruktur peselancar

BERSELANCAR & OLAHRAGA

Putra Pulu / Nusa Lembongan Kontak: @putrapulu
Peselancar / Instruktur peselancar

foto: @earthafloat
TheIntenseCalm.com

Generasi Lama, Darah Muda

Kata "Legenda", dapat merujuk pada keduanya, kehidupan yang diceritakan, dan juga, kisah abadi yang hidup dari generasi ke generasi. Seperti teknologi dan evolusi, penerapan alat kita dan pengetahuan kita adalah pengalaman berlapis dari legenda yang telah membuka jalan bagi kita. Reaksi seseorang dengan pasang surut yang selalu berubah di perjalanan hidup membuat seseorang menjadi Legenda. Melalui mereka, kita belajar tentang keuletan yang dibutuhkan untuk mewujudkan impian kita.

Lahir pada tahun 1954, pembuat papan selancar legendaris, hasrat Bruce Hansel untuk berselancar dipupuk pada masa transisi revolusi papan selancar pendek. Setelah bertugas di California, Meksiko, dan El Salvador, dia mendapat ketenaran di Pipeline di Northshore Hawaii; tempat selancar yang sangat terkenal di dunia. Setelah perjalanan tahunan ke Indonesia, dia menetap pada tahun 1999. Dia memulai bisnis legal terdaftar untuk mengimpor blanks dan bahan dari Australia, dan hingga hari ini dia mewujudkan mimpinya membuat papan selancar secara khusus di Bali. Putri Bruce, Cinta Hansel, adalah juara selancar lokal. Dia sendiri sudah mengukir beberapa legenda ke dalam ombak saat ini!

Bali Mantap berbicara dengan Bruce Hansel untuk menjelaskan sedikit tentang perjalanan dia hingga saat ini, masih membuat papan selancar khusus dan masih membuat legenda baru...

bali mantap / gaya hidup

Bali Mantap: Di mana anda mulai berselancar?

BH: Saya mulai berselancar di Pantai Teluk Florida. Tapi saya sering mendapat tumpangan dengan kru yang lebih tua untuk berselancar di Pantai Timur. Pada musim panas ketika saya berumur 12 tahun, saya bersama ayah saya menghabiskan waktu di Pantai Satellite, Florida yang berada di selatan Pantai Coco. Selancar saya meningkat secara dramatis setelah musim panas pertama itu. Pada musim dingin, saya sangat lapar untuk berselancar. Saya menumpang selama 100 mil melintasi Florida untuk berselancar di akhir pekan! Gnarly! LOL!!

Bali Mantap: ...dan itu menjadi awal mula menjadi terkenal dalam karir berselancar??

BH: Saya memulai ikut serta kompetisi di Pantai Teluk Florida di Pantai Holmes (Utara Sarasota) pada tahun 1969 dan saya mendapat peringkat ke-3 di divisi usia saya. Pada tahun 1970, saya mendapat peringkat ke-2. Saya berkompetisi selama bertahun-tahun di Pantai Coco sambil tinggal dengan ayah saya pada musim panas, dan pada libur musim semi ibu saya mengajak saya untuk berkompetisi di Pantai Coco dan kami juga berkemah di sana!

Pada tahun 1976 saya dikenal karena saya memenangkan 3 babak oleh majalah lokal, namanya Waverider. Mereka mencetak foto saya dalam barrel kecil dan menulis tentang bagaimana saya menumpang selama 100 mil untuk mengikuti kompetisi!!!

Saya pergi ke Hawaii pada tahun 1979 dan saya mengikuti uji coba pro-class di Pantai Sunset. Ombak hari pertama terlalu besar untuk Pantai Sunset dan kompetisi dipindahkan ke 15"+ Pantai Haleiwa! Saya memenangkan 2 babak dan melaju ke perempat final di 10-12" Pantai Sunset. Di situ, saya kalah, tetapi untuk rookie dari Florida, teman-teman baru saya di Hawaii sangat terpesona.

Setelah uji coba pro-class itu, saya ingin ikut kompetisi di Pipe Masters. Jadi, saya mengirim surat pengantar menanyakan bagaimana saya bisa masuk Pipe Masters ke Randy Rarick. Dia mengatur pertemuan dengan saya, dan memberi tahu bahwa dia ingin saya berselancar dan mewakili Hawaii di Pipe Masters. Tapi saya ingin mewakili Florida. Dia berkata, "tidak. Jika saya memasukkan anda ke kompetisi ini, anda mewakili Hawaii." Saya berkata, "... tapi, saya akan ditendang. Saya baru saja tiba di sini. Saya dari Florida." Dia berkata, "Tidak, kamu dilindungi." Saya mengetahui kemudian, ya - saya dilindungi. ...oleh Black Shorts!!

Dia juga memberi tahu saya bahwa saya harus kembali ke Timur untuk bersaing dan mendapatkan poin agar lolos di IPS (organisasi asli sebelum ASP dan WSL). Saya berpartisipasi dalam kompetisi pertama di New Jersey. Saya gagal! Dari New Jersey saya mendapat tumpangan ke Florida, negara bagian asal saya. Kompetisi akan diadakan di Sebastian Inlet. Tapi badai bertiup keras dan pohon-pohon yang jatuh memblokir jalanan, dan kontes diganti ke Dermaga Canaveral dengan ombak kecil dan lemah. Di sana saya berselancar dengan twin-fin, dibuat oleh Cort Gion, yang sangat membantu saya berselancar di ombak sekecil itu. Saya bergaul dengan orang-orang Hawaii, karena saya sudah mengenal mereka! Jadi, mereka memanggil saya, dan saya naik

Bruce Hansel di Padang Padang untuk Surfers Journal
foto: Don King

mobil bersama Michael Ho, Dane Kealoha, dan Buttons. Saya dan Michael akan berada di babak satu lawan satu bersama karena saya masuk ke acara utama. Yang perlu saya lakukan hanyalah bersaing dalam babak itu. Saya bahkan tidak perlu menang. Saya berkata, "hei Michael, ayolah, kamu bahkan tidak akan bersaing di seluruh kontes - kamu akan kembali ke California malam ini" (karena ombak besar datang di sana), dan dia tertawa dan berkata, "ya, tapi aku masih akan mengalahkanmu" Dia melakukannya... yah... agak... maksudku... kami bertarung. Babak dengan Michael membuatku masuk ke Pipe Masters. Itu ada dalam berita halaman depan di Cocoa Beach; bahwa saya maju ke babak utama.

Peter Townend datang dan memberi selamat kepada saya dan memberi tahu saya Rarick menelepon dari Hawaii untuk mengatakan; saya memasuki Pipe Masters, mewakili Hawaii. Saya dilindungi oleh Hui! Saya berusia 23 tahun. Saya diundang ke Pipe Masters 4 kali.

Bali Mantap: Bagaimana perasaan anda saat mendapati foto anda saat di Pipe di sebuah majalah "di masa lalu?"

BH: Itu jauh berbeda, karena tidak banyak foto keluar sepanjang waktu seperti sekarang di era digital. Anda hanya mendapat kesempatan untuk tampil di majalah, yang utama adalah *Surfer* atau *Surfing*. Jadi, jika anda masuk ke sana, anda benar-benar jadi seseorang! Dan jika anda terus masuk ke sana, anda pasti jadi seseorang! Saya punya beberapa foto pada saat berada di Florida. Ketika saya pindah ke Hawaii, saya hanya berada di sana mungkin 4 atau 5 bulan, dan saya bekerja di toko makanan

kesehatan mengantongi makanan curah. Teman saya masuk toko itu dan membuka majalah ke halaman tengah; di situ ada foto saya di dalam barrel di Pipeline, tapi mereka menulis nama saya salah di foto. Jadi, saya menulis surat ke majalah dan memberitahu mereka. Mereka menerbitkan koreksinya. Ya, itu sangat berbeda. Itu jauh lebih berarti. Sekarang, siapa saja dan semua orang bisa post foto mereka. Dulu, tidak! Anda tidak bisa melakukan itu! Anda hanya mendapatkan apa yang anda dapatkan, dan anda hanya menjadi diri anda sendiri! Anda tidak dapat menjadikan diri anda sebagai seseorang yang bukan diri anda, seperti yang sering dilakukan orang pada saat ini. Kami adalah Pipeline Underground. Dan kami menjadi Pipeline Underground karena *Surfer*

Magazine. Mereka mengurus foto kami dan mereka memanggil kami seperti itu. Satu tahun kemudian, saya berada di rumah saya di Rocky Point, dan Jeff Divine, seorang fotografer untuk *Majalah Surfer*; dia datang ke rumah saya dan membuka majalah - dia menunjukkan kepada saya ombak raksasa di Second Reef saat saya melakukan putaran bawah bersiap-siap untuk masuk ke dalam barrel. Dia berkata, "hei, apa yang kamu pikir tentang itu?" Saya berkata, "wah! Itu gila." Dia berkata, "ya, tapi tunggu sebentar; baca keterangannya." Judulnya adalah, "Bruce Hansel, pelopor dari Pipeline Underground." Ini terjadi sekitar 2 atau 3 tahun setelah Pipeline Underground dinamai oleh Surfer Magazine. Saya berkata, "apa!?!" Saya terkejut. Saya dari Florida dan kalian

Cinta Hansel
foto: @oscrjms_

memanggil saya kepala Pipeline Underground? Itu gila. Ya.

Tapi saya senang melihat Cinta mendapatkan semua liputannya, dan juga di majalah online dan semacamnya. Ya, itu bagus!

Bali Mantap: Kapan anda pindah ke Bali?

BH: Saya datang di Bali untuk tinggal secara permanen pada tahun 1999, setelah berselancar di Bali setiap tahun selama 2-3 bulan sejak 1981. Putri pertama saya lahir dengan cerebral palsy dan saya ingin pindah ke Bali dengan istri saya yang orang Indonesia sehingga keluarga kami bisa membantu kami dengan putri kami.. Rencana saya adalah memulai Bisnis Papan Selancar. Saya membuat logo bernama "Indo Ski" dan mempromosikannya saat saya masih di Hawaii. Pada waktu itu, saya sudah menggunakan papannya di Bali dan G-Land, dengan sukses besar dan pujian dari Gerry Lopez dan Dennis Pang.

Bali Mantap: Jadi, anda meninggalkan tempat selancar paling ikonik di dunia, Banzai Pipeline, dan kemudian anda berada di "Pipeline Bali" yang baru ditemukan dan juga terkenal, Padang Padang?

BH: Memang luar biasa, ombaknya, orang-orangnya, semuanya. Pengalaman saya sedikit berbeda. Langsung saja, pembawa papan saya melihat bagaimana saya sangat suka berselancar dari pagi sampai sore hari. Saya naik sepeda motor kembali ke Kuta waktu sudah malam. Suatu hari dia berkata, "hai Bruce, kamu sudah tahu ombaknya bagus di bulan purnama dan bulan baru." Saya berkata, "ya, saya tahu itu." Dia berkata, "kamu tahu, kamu selalu boleh tinggal di rumahku. Kami bisa membawakanmu bir dingin dari warung dan kami akan membawakan ayam, sayuran dan nasi, dan anda bisa makan malam. Anda bisa memberi kami sedikit untuk ayam.." Dan begitulah, saya lakukan. Begitu saya melakukan satu kali,

terus begitu saya melakukan setiap bulan. Saya tinggal di Uluwatu selama dua atau tiga hari, dua hari setelah bulan. Maksud saya, sebelum prediksi ombak, perkiraan, dan semua itu; anda baru akan tahu saat melihat bulan kalau ombak akan datang atau tidak. Saya terus berusaha untuk membawa teman-teman saya; saya sedikit bosan dan kesepian di luar sana... dan di pagi hari saya berselancar sendiri. Di sore hari saya berselancar hampir sendiri. Saya berselancar di Outside Corner dan Padang berdua di dalam hari yang sama. Saya berselancar di Outside Corner pada pagi hari, Padang pada siang hari dan kembali ke Outside Corner pada sore hari. Anda tahu, seperti, bagaimana anda bisa melakukan itu? Saya tidak pernah bisa - tidak ada satu pun teman saya yang pernah ikut dengan saya. Maksud saya, ya, pengalaman saya berbeda dengan kebanyakan orang. Saya menginap di Uluwatu pada fase bulan yang berbeda!

Padang Padang sangat bagus pada saat tidak ramai disana. Tapi begitu mereka membangun jembatan yang menghubungkan Uluwatu ke Padang.. Anda tidak perlu jalan ke sana lagi dan kemudian mereka mengaspal jalan di sana, anda tidak perlu naik mobil di jalan batu

kapur yang bergelombang itu lagi. Saya lebih suka berjalan kaki dari Uluwatu. Tapi kemudian semuanya berakhir. Semua penduduk disana ingin berselancar lebih dari sebelumnya. Mereka semua ingin masuk majalah atau video. Itu menjadi vibe yang sangat kompetitif. Mereka masih memberi saya ombak. Saya terus berselancar di Outside Corner lebih dari Padang setelah itu.

Bali Mantap: Bagaimana awalnya anda mulai membuat papan-papan selancar?

BH: Saya membentuk papan selancar pertama saya pada tahun 1967. Saya melihat Surfer Magazine terbaru dengan Revolusi Papan Pendek dimulai. Tertulis bahwa peselancar di Australia mulai melepas fiberglass dari longboard mereka dan memotongnya menjadi 8'0'' dan lebih pendek. Saya menonton World Titles yang diadakan di Puerto Rico dan melihat papannya Wayne Lynch dan Reno Abellira lebih pendek dari 7'0''! Mereka adalah peselancar terbaik tetapi mereka tidak menang! Saya bersemangat! Saya pergi ke toko umpan lokal dan toko pemancingan di mana 2 Longboard pertama saya dibeli, tetapi mereka tidak ada papan yang baru. Terus, saya jalan ke belakang untuk melihat seorang pria melakukan perbaikan dan melihat dia menggunakan penggiling dan pengampelas kecil! Saya mencari di toko dan menemukan gulungan fiberglass dan resin. Singkat cerita, saya pulang ke rumah dan memotong 9'6'' papan saya menjadi 6'10'', dan ketika saya mengalami masalah dengan glassing sebelum resinnya melepas, ibu saya membantu menyelesaikannya!!! Sekitar 3 hari kemudian saya berselancar dan mendapat 3 pesanan ketika saya pergi ke pantai! Saya merekrut 2 teman saya Chris Lundy dan Kevin Stecker untuk membantu dan kami membentuk perusahaan papan selancar di halaman belakang bernama Metamorphosis dengan logo kupu-kupu, diambil dari album Iron Butterfly dengan nama yang sama!

Jadi, saya membentuk papan selancar pada usia 12 tahun selama 4 tahun, sampai saya berusia 16 tahun. Kemudian saya disponsori oleh sebuah toko untuk berselancar dengan merek-merek besar dari California. Saya sering memakai papan yang dibentuk oleh Cort Gion. Ketika Cort pindah ke Oregon, saya mulai berselancar untuk Eric Arakawa di B-Teamnya di Hawaii. Setelah kelahiran anak pertama saya, saya mulai lagi membentuk papan selancar pada usia 41 tahun. Saya membeli semua alat yang diperlukan untuk mulai membentuk kembali. Saat itu tahun 1995. Saya bekerja di pabrik Bill Barnfield di Haleiwa dan bekerja untuk Arakawa, airbrushing. Saya baru saja membentuk papan pertama saya dan meletakkannya di rak stand-up menunggu glassing. Saya telah menandatanganinya #1. Dan saya keluar dari kamar saya untuk melihat Dave Parmenter menangani papan saya dan memeriksanya sepenuhnya! Dia melihat saya dan bertanya, "benarkah, nomor satu ???" Saya menjawab "ya, setelah 25 tahun dan tidak banyak perubahan bentuk sebelum itu ..." Dia berkata, "jangan BERHENTI! Saya telah melihat orang-orang membentuk 200 papan dan tidak ada yang bagus seperti ini!!! Dan pembentukan papan selancar telah berubah sejak anda berhenti. Ini luar biasa!"

Cinta memberikan umpan balik kepada saya tentang papannya, setiap saat. Itulah salah satu alasan mengapa papan saya menjadi sangat bagus selama bertahun-tahun, itu karena dia. Dia sangat pandai memberikan umpan balik. Dia sangat tahu tentang papannya, dan memberi tahu saya apa yang dia rasakan di sana-sini dan apa pun.

Bali Mantap: Bagaimana kompetisi bisa menjadi bagian dari pengalaman selancar anda cocok disandingkan dengan "soul surfing?

BH: Saya selalu menjadi "soul surfer", saat saya tidak berkompetisi, tetapi saya sangat kompetitif. Saya tidak bisa hidup tanpa berkompetisi! Saya telah berkompetisi hampir sepanjang hidup selancar saya! Bahkan ketika saya pensiun dari berkompetisi di Pipeline,

saya masih mengikuti kompetisi di sana-sini. Jika sesuatu muncul, saya tidak dapat menahan diri; saya akan bersaing. Saya seorang pesaing.

Saya suka melihat Cinta ingin bersaing. Pada awalnya saya mengatakan kepada dia untuk tidak berkompetisi. Saya mengatakan kepadanya bahwa dia akan membencinya, dan itu adalah perasaan yang mengerikan ketika anda kalah. Tapi, dia sangat bersemangat seperti saya. Dia tidak bisa menahan diri. Dia ingin bersaing! Ketika dia meminta saya untuk berkompetisi dan saya mengajak dia ke kompetisi pertamanya, ya begitulah. Mainkan! Dia tidak pernah berhenti, terus berjalan. Dia mengalami saat-saat baik dan buruk dengan cedera dan penilaian buruk dan panggilan buruk oleh organisasi selancar atau apa pun. Dan itu benar-benar membuatnya sedih tetapi dia tidak bisa menahan diri. Saat dia mendapat kesempatan untuk berkompetisi, itulah dia; dia berkompetisi lagi!

Wawancara dan foto oleh Thirumoolar Devar

Bruce Hansel
foto: Mike Waggoner / Surfer Magazine

Bruce Hansel
foto: Ralph Cippola

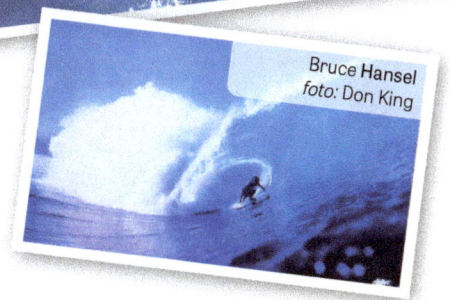

Bruce Hansel
foto: Don King

Cinta Hansel
foto: @oscrjms_

Papan surfing buatan tangan

oleh

Terestrial & Perairan Bali

Kelahiran Pulau

Rumah bagi beberapa parit laut terdalam di dunia, dan keanekaragaman hayati darat dan laut yang melimpah, Indonesia juga dikenal dengan sejarah bencana alam yang sangat intens; terdiri dari letusan gunung berapi yang kuat, tsunami yang menghancurkan, dan gempa bumi yang sengit.

photo: @merry_amber

Disajikan di lempeng tektonik

Kepulauan Indonesia adalah salah satu lokasi paling aktif secara seismik di bumi kita. Terletak di perbatasan beberapa lempeng tektonik utama, dan adalah bagian dari Cincin Api Pasifik. Menempa lebih dari 300 juta tahun, sekitar 17,000 pulau di Indonesia menghasil dari pergerakan antara empat lempeng tektonik primer. Ini termasuk Lempeng Indo-Australia, Lempeng Eurasia, Lempeng Caroline dan Lempeng Laut Filipina. Subduksi, konvergensi, dan gerakan transformatif antara lempeng-lempeng ini bertanggung jawab atas banyaknya busur pulau, gunung berapi, gempa bumi, dan parit laut yang semua bergabung untuk menciptakan keindahan dan keaslian Indonesia.

Pulau Bali muncul karena subduksi tektonik. Ini terjadi ketika satu lempeng tektonik turun ke bawah yang lain pada saat mereka bertabrakan di batasnya. Bali terbentuk melalui subduksi Lempeng Indo-Australia ke bawah Lempeng Eurasia. Pada saat subduksi, dasar laut terdiri dari endapan laut, terumbu karang dan lapisan batugamping. Semua yang terangkat di atas permukaan laut sebagai akibat dari pergerakan tektonik ini. Dengan demikian, komposisi geologis Bali dibagi oleh serangkaian gunung dan gunung berapi. Ini mulai dari Timur hingga Barat di bagian utara pulau. Tanah di sekitar gunung berapi terdiri dari tanah vulkanik dan pantai pasir hitam, sementara wilayah semenanjung Selatan Bali sebagian besar terdiri dari batu kapur dan pasir putih, lebih jauh dari gunung berapi pulau[1].

Pulau Bali punya tiga gunung berapi utama. Namanya; Gunung Agung, Gunung Batur dan Gunung Batukaru. Titik tertinggi pulau ini adalah di puncak Gunung Agung dengan ketinggian 3,142 meter di atas permukaan laut[1]. Dikombinasikan dengan cuaca tropis dan curah hujan yang melimpah, daerah di sekitar gunung berapi mendapat banyak nutrisi dan tanah vulkanik yang diperoleh dan berlapis dari letusan masa lalu. Berkat

geologis ini telah memberi tanah di Balu subur dan kemakmuran pertanian.

Pertanian padi telah menjadi sistem utama pertanian tradisional sepanjang perjalanan sejarah pulau Bali. Di

Bali juga melindungi berbagai spesies fauna darat, diantaranya kadal, monyet, ular, tupai dan lebih dari 300 jenis spesies burung.

sepanjang lereng gunung berapi dan pegunungan di Bali adalah hamparan sawah tersebar. Mata air yang turun dari danau pegunungan menyediakan sumber aliran air alami yang bisa digunakan untuk irigasi di sawah. Di Bali, ada suatu bentuk pertanian padi tradisional yang disebut 'Subak'.Subak adalah organisasi pertanian petani sawah Bali yang mengatur irigasi pasokan air mereka. Mereka bersama-sama memelihara saluran dan sistem yang mengatur penanaman padi, dan juga dengan distribusi air di seluruh sawah[2].

Selain bercocok tanam padi pada musim kemarau, musim hujan juga membawa tanaman diversifikasi. Namun perubahan ini tidak terbatas pada; jagung, barley,

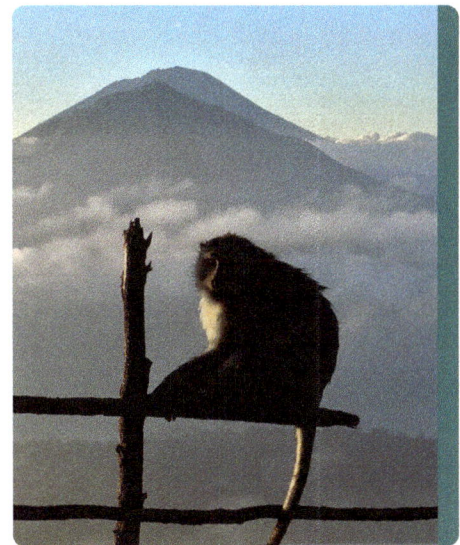

photo: @ed_arsenault

pisang, pepaya, mangga, dan pertanian nanas, di antara berbagai macam-macam sayuran dan buah-buahan lainnya. Selain beras, buah-buahan dan sayuran, tanah Bali yang subur juga memungkinkan tumbuhnya kopi dan kakao, beragam rempah-rempah, serta berbagai spesies flora.

Pulau Bali mempunyai tanah subur dan berlimpah tanaman. Pasti pulau ini juga melindungi berbagai spesies fauna darat, beberapa jenis seperti kadal, monyet, ular dan tupai. Selanjutnya, lebih dari 300 jenis burung saja dapat ditemukan menghuni langit dan daratan Bali.

[1] "Bali Fact." Bali Fact - Bali History, Geography, People. Culture and More, 2004, https://www.bali-go-round.com/bali-fact.htm.

[2] Pratt, Daniel. "Subak - a Sustainable System of Irrigation." The Bali Retirement Villages, The Bali Retirement Villages, 16 Dec. 2016, https://thebaliv-illages.com/Bali-news/2016/10/18/subak-a-sus-tainable-system-of-irrigation.

photo: @earthafloat
TheIntenseCalm.com

photo: @mavis_bali

Terkenal dengan komposisinya yang luar biasa dan pemandangan alamnya yang epik di darat, laut di Indonesia mungkin adalah lebih monumental dalam komposisi dan strukturnya. Terdiri dari rak tektonik bawah laut yang luas, cekungan laut dalam, parit laut abyssal, dan gunung berapi bawah laut, Indonesia juga menawarkan salah satu ekosistem laut yang paling hidup dan keanekaragaman hayati yang dikenal hingga saat ini. Terletak di antara Samudra Pasifik dan Hindia, Indonesia merupakan bagian utama dari Segitiga Terumbu Karang dunia. Mengandung sekitar 67% spesies karang dunia, dan 37% spesies ikan terumbu karang dunia, Indonesia memiliki keanekaragaman ikan terumbu karang terbesar di dunia kita[1]. Selain ekosistem laut terumbu karang, sebagian besar garis pantai di Indonesia melimpah dengan beberapa ekosistem laut seperti padang lamun, hutan bakau, pantai muara, dan hamparan alga.

Ketika kita memperbesar ke pulau Bali, terumbu karang yang paling melimpah dan hidup berada di garis pantai pulau-pulau tetangga, seperti; Nusa Penida, Nusa Ceningan dan Nusa Lembongan. Di antara mempunyai kebanyakan keanekaragaman ikan terumbu karang, ketiga pulau ini dikunjungi oleh pari manta, beberapa spesies hiu pelagis, dan

mola-mola yang sukar dipahami. Sebagai negara kepulauan, hewan dan tumbuhan laut yang mengelilingi Indonesia merupakan sumber utama penghidupan manusia. Sayangnya, sumber daya alam laut semakin menipis karena beberapa masalah seperti; penangkapan ikan yang berlebihan, polusi laut, pemutihan karang, kenaikan permukaan laut dan perubahan iklim global.

Tanah dan laut Indonesia telah mengalami transformasi kolosal dan epik sepanjang sejarah geologisnya. Keanekaragaman hayati darat dan lautnya yang subur telah terjadi sebagai hasilnya. Ini menjadikan Indonesia dan Bali khususnya, salah satu tempat yang menarik dan indah secara alami untuk eksis.

- Kayli Wouters

foto: Nos Nguyen facebook.com/nos1412

[1] "8 Facts about Indonesia's Ocean | UNDP in Indonesia." United Nations Development Program, https://www.id.undp.org/content/indonesia/en/home/presscenter/articles/2016/06/08/8-facts-about-indonesia-s-ocean.html.

Segara Village
Hotel

Deluxe Room (Small)
Sanur Beach, Bali

Loloh Cemcem

Pulau Bali merupakan pulau yang menjanjikan akan keindahan wisata alam dan budaya nya. Keindahan alam mulai dari gunung, pantai danau dan air terjun yang tak lepas dari keindahannya. Pemandangan upacara di Pura menjadikan Bali kental dengan keunikan budayanya yang tidak dapat ditemui di tempat lain. Namun belum cukup akan keindahan alam dan budayanya, Bali juga terkenal dengan wisata kuliner makanan dan juga minumannya. Salah satu minuman khas Bali yang memiliki khasiat pada Kesehatan yakni Loloh Cemcem.

Loloh merupakan salah satu minuman tradisional Bali yang diproduksi dari beberapa jenis tanaman dan diolah pada industri rumahan secara sederhana. Khasiat loloh sebagai minuman kesehatan diyakini oleh masyarakat Bali secara turun temurun, terlebih lagi setelah adanya kecenderungan masyarakat mencari alternatif pengobatan alami yang berasal dari tumbuh-tumbuhan. Loloh cemcem merupakan minuman tradisional khas di Desa Penglipuran. Wisatawan yang datang ke Desa Penglipuran pasti mencoba meminumnya dan tidak jarang dijadikan oleh-oleh. Di daerah Desa Penglipuran terdapat 9 produsen loloh cemcem yang memproduksi loloh cemcem secara kontinu pada pagi hari. Daya simpan dari produk loloh cemcem masih belum bisa dipastikan. Dari hasil wawancara yang dilakukan peneliti kepada pembuat loloh cemcem, produk loloh cemcem dapat bertahan selama 3 hari (72jam) pada kulkas (1-4°C).

Meskipun termasuk dalam jenis jamu, Loloh Cemcem memiliki cita rasa khas yang berbeda dengan jamu pada umumnya. Cemcem atau daun kedondong hutan menghasilkan rasa yang unik sehingga minuman ini memiliki rasa asam, asin, manis, pedas, dan sedikit kecut. Selain untuk mneyegarkan tubuh, Loloh Cemcem juga berkhasiat untuk meredakan panas dalam, melancarkan sembelit, bahkan menurunkan tekanan darah. Meskipun memeiliki rasa yang asam, tetapi loloh ini aman diminum dalam keadaan perut kosong.

- Triana Ardi

Bahan (8 porsi)

- Daun cemcem
- Air kelapa
- Daging kelapa muda
- Asam jawa, 120gr
- Gula pasir, 120gr
- Garam, 1 sendok teh
- Terasi
- Cabai sekucupnya

Cara membuat

1. Rebus irisan cabai, terasi, asam, gula, dan garam. Tunggu hingga tercium aroma wangi.

2. Cuci daun cemcem, lalu tumbuk atau diremas-remas.

3. Campurkan daun cemcem ke rebusan air asam. Tunggu hingga berubah warna.

4. Matikan kompor, tuang air rebusan ke dalam gelas.

5. Tambahkan air kelapa dan daging kelapa, serta es batu untuk membuatnya lebih segar.

Untuk melihat makanan, minuman & resep lebih lanjut, silahkan pindai KODE QR di halaman berikutnya dengan ponsel anda -- >

Signature Rolls

NORI
Bali

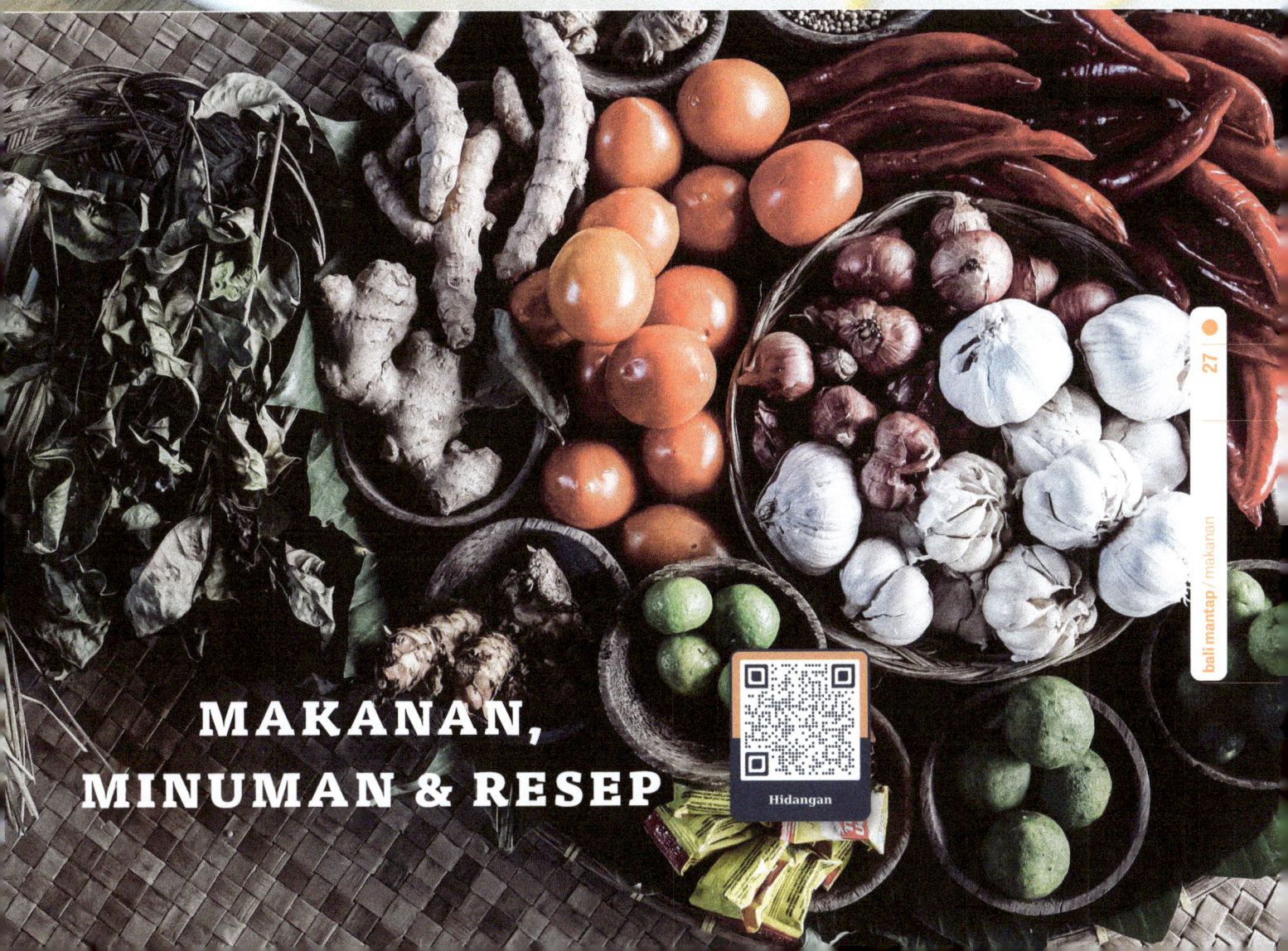

MAKANAN,
MINUMAN & RESEP

Hidangan

27

bali mantap / makanan

- Tears of Dewi Sri, 2018

Tentang WD

WD (Wild Drawing) lahir dan besar di Bali Indonesia dan telah menyelesaikan studinya dijurusan Seni Rupa Murni dan Seni Terapan. Ia mulai melukis di jalanan pada tahun 2000 dan sejak saat itu WD menghabiskan sebagian besar waktunya bekerja di luar ruangan, meskipun begitu, ia juga tidak pernah berhenti bekerja di dalam studionya. WD telah berpartisipasi dalam festival dan pameran di Asia, Eropa dan Amerika. Banyak karya-karyanya telah ditampilkan dalam buku-buku tentang Street Art.

Latar belakang sosiokultural EastWest-nya yang digabungkan dengan cara unik, membuat gayanya mudah dikenali. Ia fokus pada mural berskala besar yang diwujudkan dengan teknik rol dan cat akrilik. Wild Drawing selalu berinteraksi dengan tempat di mana ia bekerja, dengan memasukkan berbagai elemen disekitar menjadi bagian dalam karyanya, sehingga ada harmoni antara mural dengan tempat di mana karya tersebut dibuat.

- Missing your hug, 2020

- NESTalgic, 2014

Sebagian besar dari karyanya - terutama 3D anamorphic dengan ilusi optik - dipengaruhi oleh Komik, Graphic Novel dan Seni Fantasi, diwaktu yang sama ia juga terinspirasi oleh fenomena sosial, gaya hidup, seni dan alam.

Yang membuat ia terus bertahan dan intens berkarya di jalanan adalah karena ia menemukan sebuah kebebasan berekspresi yang unik, selain itu juga tentang fakta bahwa Street Art dapat diakses secara bebas oleh semua orang tanpa batasan sosial, ekonomi, budaya dan lain sebagainya. Terlebih lagi melalui karya seninya, ia memiliki kesempatan untuk berbicara tentang masalah besar merebut kembali Ruang Publik. Semua hal tersebut dapat menjadi penyeimbang dari kesementaraan yang merupakan sifat dari seni jalanan itu sendiri. Menurutnya jika ia hanya berpikir untuk membuat karya seni yang tak lekang oleh waktu, tentu ia akan membuat lukisan diatas kanvas saja. WD menetap di Athena, Yunani, tapi bekerja dan berkarya di berbagai negara di dunia.

Untuk lebih banyak tahu tentang artis dan karya-karyanya dapat diunduh di:

- They tried to bury us but they didn't know we were seeds, 2020

instagram.com/wd_wilddrawing

facebook.com/wd.street.art

youtube.com/channel/
UCOoeyhZ16VjnFasQo5VXV8Q

Cerita rakyat kuno menggambarkan pulau Bali bertumpu pada cangkang seekor kura-kura besar bernama 'Bedawang Nala'. Samudera yang mengelilingi pulau diartikan sebagai rumah bagi roh, kebanyakan dari mereka adalah roh jahat, dan pegunungan Bali digambarkan sebagai singgasana dewa Hindu. Oleh karena itu, kura-kura yang diduduki pulau itu mewakili keseimbangan antara makhluk baik dan jahat di dunia.

Ikut Serta

Penyu di Bali

Di Asia, penyu telah lama dipuja sebagai simbol kekuatan, kebijaksanaan, dan keberuntungan. Makhluk ini bisa hidup selama beberapa dekade, dan penampilan unik mereka telah mengilhami banyak cerita dan legenda. Sayangnya, penyu terancam punah karena perdagangan ilegal satwa liar, kehilangan habitat, dan polusi.

Sejarah Tradisional

Bali sangat terkenal di dunia karena pantainya yang indah dan budayanya yang beragam. Bali juga mempunyai berbagai satwa liar yang spektakuler, salah satunya adalah penyu. Membintangi legenda tradisional, simbolisme, dan digunakan dalam upacara, penyu memainkan peran penting dalam kepercayaan inti umat Hindu Bali.

Di Bali, penyu melambangkan kebijaksanaan dan usia yang panjang. Selama berabad-abad, budaya di Bali sarat dengan legenda dan mitologi. Penyu memegang peran penting di dalam banyak cerita yang berbeda di Bali. Dalam salah satu legenda, pulau Bali tercipta ketika dua penyu besar muncul dari laut dan menopang pulau di punggung mereka. Di dalam kisah terkenal lainnya, seekor penyu menggunakan cangkangnya untuk melindungi permata yang telah jatuh ke bumi dari para dewa. Dengan demikian pulau itu dikaruniai oleh para dewa sebagai pengakuan atas ketidakegoisan penyu tersebut.

Ada juga satu cerita yang populer dalam legenda yaitu pulau Bali bertumpu pada cangkang penyu raksasa bernama Bedawang Nala, (Terjemahan dari Penyu Raksasa mistis). Penyu raksasa ini mewakili keseimbangan antara kebaikan dan kejahatan. Yang baik digambarkan

Photo: **Rossi Photography**

foto: @earthafloat
TheIntenseCalm.com

sebagai pegunungan Bali, dianggap sebagai singgasana dewa Hindu, dan yang jahat digambarkan sebagai lautan yang mengelilingi pulau; rumah bagi roh-roh jahat.

Karena penyu begitu penting dalam kepercayaan orang Bali, mereka juga termasuk dalam beberapa ritual pengorbanan. Penyu hijau khususnya dipotong dan dipersembahkan sebagai korban untuk merayakan ritual penting dalam tonggak kehidupan seseorang. Ini termasuk upacara untuk ulang tahun tiga bulan seorang anak, potong gigi pada usia enam belas tahun, pernikahan, dan kremasi. Mengorbankan penyu hidup telah tertanam dari waktu ke waktu, secara spiritual dan budaya di dalam kehidupan masyarakat Bali. Di luar tradisi agama, daging penyu juga sering disajikan kepada tamu rumah tangga untuk menunjukkan kehidupan yang mewah.

Pada saat ini, penyu masih dipuja oleh masyarakat Bali. Mereka sering dianggap sebagai jimat keberuntungan, dan digunakan secara simbolis di pura dan tempat suci lainnya.

Spesies yang Terancam

Ada tujuh spesies penyu yang dikenal di dunia. Enam dari tujuh spesies tersebut berada di laut sekitar Bali dan seluruh Indonesia. Spesies tersebut adalah;

- Penyu hijau
- Penyu Olive Ridley
- Penyu tempayan
- Penyu pipih
- Penyu belimbing
- Penyu sisik

Menghadapi berbagai macam ancaman perubahan iklim, polusi, pengasaman laut, degradasi keanekaragaman hayati, ekosistem laut kita tidak hanya bergantung pada manusia, tetapi juga pada organisme dan hewan yang menghuni lautan kita untuk memerangi ancaman ini, dan menjaga keseimbangan ekologis yang sehat di bumi kita. Penyu di lingkungan kita, menjaga kesehatan terumbu karang dan habitat rumput laut dengan cara mencari makan. Menghabiskan sebagian besar hidupnya di lautan, penyu juga berkontribusi untuk menyuburkan ekosistem pesisir dengan cara bersarang di pantai.

Ada beberapa pantai di Bali yang sering dikunjungi oleh penyu. Biasanya mereka berada di pantai daerah Kuta, Medewi, Rambut Siwi, dan Perancak. Kebanyakan penyu akan bersarang dan membuat beberapa kelompok telur, sekali pada setiap dua sampai empat tahun. Setiap sarang telur dapat berisi antara 100 hingga 200 telur. Di Bali, musim bertelur biasanya berlangsung antara bulan Maret sampai September. Penyu kawin dan perjalan ke pantai berpasir Bali untuk bertelur. Setelah bertelur, penyu betina menutup sarang telurnya dengan pasir dan kembali ke laut. Mereka bukan hewan keibuan, jadi telurnya akan menetas setelah sekitar dua bulan, kemudian bayi penyu akan smenuju ke air laut dengan sendirinya, dan memulai hidup mereka di lautan. Populasi penyu juga berkontribusi pada perekonomian lokal karena menyaksikan mereka di alam liar merupakan daya tarik yang populer bagi wisatawan. Dengan demikian, penyu memiliki peran penting dalam berbagai bidang kelestarian lingkungan dan ekonomi.

Meskipun pengaruhnya menonjol, populasi penyu sedang menurun. Pada tahun 1999, pemerintah Indonesia memberikan status dilindungi kepada penyu. Namun, pasar gelap masih ada. Setiap tahun, penyu dan telurnya diambil dari alam liar dan dijual secara ilegal di Bali, di seluruh Indonesia, maupun internasional. Tubuhnya dan telurnya dibeli untuk digunakan dalam pengobatan tradisional, cangkangnya digunakan untuk kerajinan cinderamata, perhiasan, dan barang-barang mewah lainnya, kulitnya dapat digunakan untuk barang-barang, dan minyaknya untuk produk kecantikan tertentu. Bersama dengan efek hilangnya habitat, polusi, dan pembangunan kota, populasi penyu terancam, dan beberapa spesies penyu sangat terancam punah.

Di Bali, kesadaran tentang penyu yang terancam punah dan hal penting menjaga populasi yang sehat di alam liar telah meningkat secara signifikan selama beberapa dekade terakhir. Dengan demikian, sekarang semakin jarang ditemukan penyu di tempat-tempat ritual dan restoran tradisional.

Kesadaran akan Konservasi

Jika anda tertarik untuk belajar lebih banyak tentang penyu, ada beberapa pusat konservasi, penyelamatan, dan edukasi tentang penyu di Bali yang anda bisa kunjungi. Baik itu dengan menjadi relawan untuk pemeliharaan umum, berpartisipasi dalam pelepasan bayi penyu, atau menyumbang ke pusat, ada banyak hal yang anda bisa lakukan untuk membantu penyu.

Pusat Konservasi Penyu Kurma Asih terletak di Kabupaten Jembrana, Bali Barat. Di pusat ini, mereka fokus mengumpulkan sarang liar dari pantai dan merawatnya di pembibitan. Setelah penyu menetas dan berumur sekitar enam bulan, mereka dilepaskan ke laut. Kurma Asih juga melakukan penelitian terhadap penyu dan merawat penyu yang tidak cukup kuat untuk dilepaskan ke alam liar.

Pusat konservasi besar lainnya adalah Pusat Konservasi dan Pendidikan Penyu di Pulau Serangan. Dibuat pada tahun 2006 oleh mantan gubernur Bali, tempat ini juga membantu pelepasan tukik baru, selain merawat penyu yang sakit dan terluka kembali sehat. Selain itu, mereka juga berupaya menutup pasar gelap perdagangan penyu di Bali melalui edukasi dan kesadaran konservasi kepada penduduk Bali. Salah satu caranya adalah menyediakan penyu pada upacara-upacara untuk ditampilkan sebagai hewan hidup yang memiliki nilai hakiki.

Bali Sea Turtle Society (BSTS) adalah gerakan lain dari konservasi penyu. Didirikan pada tahun 2011, BSTS adalah LSM nirlaba yang bertujuan untuk mendidik dan bekerja dengan masyarakat Bali melalui upaya konservasi berbasis masyarakat seperti perlindungan sarang, pendidikan dan kampanye.

Kita membutuhkan penyu untuk lingkungan laut yang berkelanjutan, dan mereka membutuhkan suara dan dukungan kita untuk konservasi. Coba lihatlah tempat-tempat ini dan apa yang anda bisa melakukan saat anda mengunjungi Bali!

- Allison Moore

SUNGAI WATCH

Prajurit Sungai

Cara hidup orang Bali berkisar pada filosofi Tri Hita Karana, yang berarti "tiga penyebab kebaikan". Ini adalah pemahaman akan pentingnya keharmonisan antar manusia, antara manusia dengan alam, dan antara manusia dengan penciptanya. Dengan demikian, dasar kehidupan masyarakat Bali menjadikan hubungan yang kuat antara masyarakat Bali dengan lingkungan hidup yang melingkupinya.

Sungai Watch

Air di Bali

Bali memiliki sejarah agraris dimana peran air sangat penting bagi kesuburan tanah. Air dianggap sebagai pemberi kehidupan dan dasar kemakmuran. Karena ini, air dipuja di seluruh pulau Bali. Dengan ini, perpaduan praktik-praktik agama Hindu, kepercayaan lokal Bali dan tradisi budaya telah memberi jalan bagi Agama Hindu Bali. Agama ini semula dikenal sebagai Agama Tirta, yang diterjemahkan menjadi "Agama Air Suci".

Di pulau Bali, ada berbagai jenis air suci

dan digunakan dalam beberapa jenis ritual, persembahan harian, dan praktik keagamaan. Air suci dianggap sebagai media fisik untuk regenerasi spiritual, sesuatu yang tak terlihat, sakral dan ketuhanan. Air suci disiapkan setiap hari oleh para pendeta, dan diresapi dengan bunga, mantra suci dan mudra, dan diperlakukan dengan sangat hormat.

Karena itu, pemujaan terhadap air di Bali memiliki penerapan praktis dan spiritual. Ritual menggunakan air suci berfungsi untuk menjaga keseimbangan dan keharmonisan antara tubuh, pikiran, dan hati manusia. Sementara di dalam pertanian dan irigasi, air dijunjung tinggi karena membantu menjaga ketenangan dan keseimbangan antara manusia dan lingkungan alam. Walaupun air sangat dihormati, perairan di dalam dan sekitar Bali pada saat ini mengalami polusi plastik yang tinggi.

Plastik dan Kehidupan Alam

Berada di tengah musim hujan di Indonesia sekarang ini, anda mungkin akrab dengan tingkat sampah plastik yang mencengangkan yang terdampar di sepanjang pantai indah Bali. Selama bulan-bulan musim hujan dari Oktober sampai April, sampah yang berserakan atau dibuang secara ilegal di tempat pembuangan sampah yang tidak terdaftar, terdorong ke saluran air pada waktu hujan deras. Kemudian sampah dibawa ke laut melalui sungai-sungai, sebagian muncul di tepi pantai Indonesia, dan sisanya dibawa ke laut oleh arus air yang dalam.

Plastik membutuhkan waktu ratusan tahun untuk terurai, dan bahkan kemudian mereka akan tersebar di seluruh tanah dan lautan kita sebagai potongan mikroskopis yang disebut mikroplastik. Bahan ini sama berbahayanya bagi lingkungan dengan potongan plastik yang lebih besar. Plastik di lingkungan alami kita tidak terlihat bagus. Ini juga berdampak pada integritas tanah, melepaskan bahan kimia berbahaya ke dalam tanah dan air, membahayakan hewan karena mereka dapat tersangkut di bagian tertentu, dan juga plastik bisa disalahartikan sebagai makanan untuk binatang.

Dalam bentuk mikroplastik, manusia dan hewan lebih mungkin mengkonsumsi produk berbahaya tersebut; apakah mikroplastiknya sedang disalahartikan sebagai makanan atau dicerna melalui rantai makanan. Bahan kimia yang digunakan untuk membuat plastik tidak aman untuk dicerna oleh manusia dan hewan, dan dapat memiliki efek yang sangat merugikan bagi lingkungan hidup jika dibiarkan dan tidak terkendali.

Menurut studi baru yang dilakukan oleh organisasi lingkungan lokal bernama Sungai Watch (diterjemahkan menjadi Menjaga Sungai), Indonesia berada di peringkat kedua sebagai pencemar plastik laut terbesar, setelah negara China1. Di Bali saja, hanya 4% sampah plastik adalah

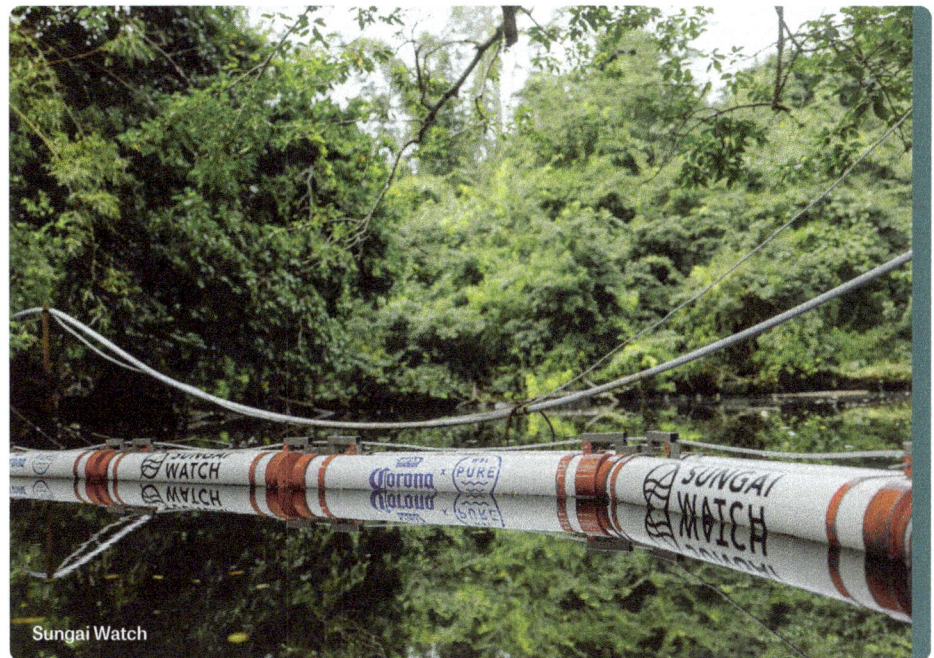
Sungai Watch

didaur ulang1. Hal ini disebabkan upaya pengelolaan sampah yang minimal, serta kurangnya infrastruktur daur ulang dan insentif lokal. Isu-isu ini terus-menerus meningkatkan jumlah pembuangan ilegal di Bali, dan berkontribusi meningkatkan jumlah polusi plastik yang masuk ke lautan kita yang indah.

Berjuang untuk Lautan

Beruntungnya, ada orang-orang di Bali yang bekerja setiap hari untuk mengatasi masalah ini dan membersihkan pulau dan lautan kita. Ini adalah tujuan Sungai Watch. Diketahui bahwa lebih dari 80% sampah plastik di lautan keluar dari sungai1. Ini adalah masalah mendasar yang ingin diakhiri oleh Sungai Watch. Mereka menggambarkan diri sebagai; sebuah organisasi lingkungan dengan misi untuk menghentikan plastik memasuki lautan. Cara utama yang mereka lakukan adalah merancang penghalang sampah sederhana yang ditempatkan di hulu sungai, dan dibersihkan setiap hari. Sampah yang dikumpulkan dari penghalang di tempat ini kemudian disortir di fasilitas mereka, dianalisis, dan didaur ulang. Sungai Watch juga sedang bereksperimen dengan cara baru untuk mengubah

sampah menjadi berbagai produk yang dapat digunakan kembali!

Sungai Watch juga mengadakan dan mengatur banyak sesi penjangkauan dan kampanye pendidikan untuk melibatkan masyarakat lokal dalam masalah polusi plastik, dan mendorong pengelolaan sampah yang bertanggung jawab di Pulau Bali. Mereka juga mengatur presentasi di sekolah-sekolah dan dengan pemerintah daerah, dan mengorganisir komunitas pembersihan mingguan di desa-desa. Selain pembersihan mingguan,

Sungai Watch

Sungai Watch juga menyelenggarakan pembersihan darurat di tempat pembuangan sampah ilegal, yang terutama di sepanjang tepian sungai untuk mencegah plastik masuk ke air sejak awal.

Sungai Watch berencana memasang sekat sampah di setiap sungai di Indonesia pada 2025, dan akhirnya menjadi proyek dan gerakan internasional. Luar biasa bukan?!

Berpartisipasilah dengan Penyebabnya!

Ingin tahu cara yang ANDA bisa berpartisipasi dan membantu penyebabnya? Di bawah ini adalah beberapa cara yang tercantum;

• Anda bisa melaporkan TPA ilegal dan sungai yang penuh dengan sampah di Bali dan Indonesia ke Sungai Watch melalui hotline mereka di +62 821-4781-382.

• Anda dapat membantu mensponsori pembersihan komunitas, produksi dan penerapan penghalang sungai, atau dropbox sampah di komunitas lokal di Bali.

• Anda dapat membantu mengatur penggalangan dana di sekolah-sekolah atau komunitas anda dengan penjangkauan dan pendidikan. Donasi yang terkumpul disana akan digunakan; mempekerjakan masyarakat lokal untuk mengumpulkan dan memilah sampah, mencari dan membersihkan tempat, peralatan, melakukan audit sampah, serta mengorganisir lebih banyak acara dan kampanye Sungai Watch.

• Anda juga bisa menjadi sukarelawan di pembersihan mingguan. Informasi untuk lokasi ini berada di situs web Sungai Watch dan diperbarui secara berkala. Disana juga ada informasi lebih lanjut tentang semua bagian yang tercantum di atas, semua di www.sungaiwatch.com.

- Kayli Wouters

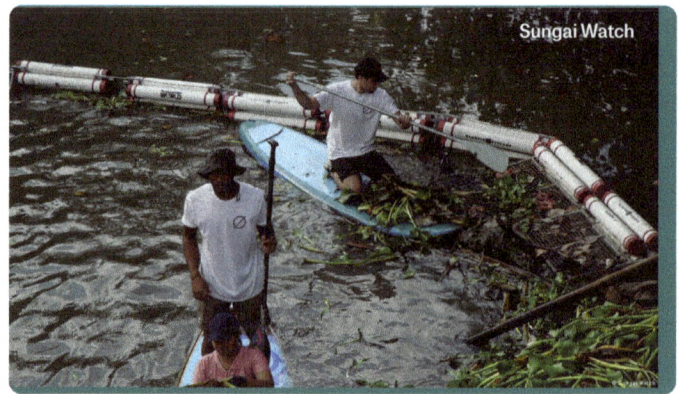
Sungai Watch

Bersama dengan bantuan anda, kita bisa membersihkan pulau kita dan mengembalikan air murni yang dulu pernah ada di Bali!

Referensi

1. *River Warriors* (2022) *Sungai Watch*. Sungai Watch . Available at: https://sungai.watch/pages/about-us (Accessed: November 20, 2022).

photo **Indhira Adhista**
IG @raw_image6

Tanah yang Berkelanjutan

Tema umum yang dibahas dalam jurnal ini adalah kesuburan tanah di Bali. Adanya sejarah vulkanik yang terjadi membuat Pulau Dewata dianugrahi akan kekayaan pertanian.

Maukami

Pengunjung dan pengaruh internasional telah meningkat pesat di Bali selama dekade terakhir. Pantai yang menakjubkan, perairan jernih, hutan belantara mirip jurassic, dan pegunungan semakin menjadi tujuan liburan yang ideal bagi orang-orang yang bepergian dari seluruh dunia.

Di dalam dua tahun terakhir, Bali sangat menderita akibat dampak virus corona pada perjalanan internasional. Saya mengatakan ini karena ekonomi dan masyarakat Bali Lebih bergantung pada industri pariwisata daripada sebagian besar wilayah Indonesia lainnya. Oleh karena itu, saat ini menjadi waktu yang paling penting, pada untuk Bali pulih dari kesulitan dan terus mengembangkan industri pariwisatanya, untuk melestarikan dan mempertahankan esensi budaya Bali, untuk menjamin kemandirian ekonomi masyarakat lokal, dan memastikan kelestarian lingkungan tanah mereka.

Tentu saja, ada banyak cara berbeda untuk dilakukan. Sekarang saya akan membicarakan tentang bagaimana masalah ini dapat diatasi dan bagaimana tujuan ini dapat dicapai, melalui beberapa organisasi yang berfokus pada pendidikan dan pengembangan pertanian yang berkelanjutan.

Maukami

Maukami

Maukami

MAUKAMI

Gerakan pertama yang akan saya bicarakan adalah tentang Maukami. Maukami adalah organisasi yang bekerja sama dengan para petani dan desa di Bali untuk menciptakan kehidupan yang berkelanjutan. Dengan ini mereka dapat berkembang dan memanfaatkan tanah mereka sebaik mungkin, untuk mencapai kemandirian finansial. Mereka mempromosikan kemandirian dan kemandirian ekonomi masyarakat Bali melalui pemberdayaan dengan inovasi metode pertanian yang berputar pada ilmu pengetahuan tradisional. Sambil berinovasi dengan masyarakat lokal untuk pertanian, dapur, dan kerajinan yang berkelanjutan dan organik, Maukami juga mendukung masyarakat Indonesia dengan membangun model perdagangan yang adil dan kemitraan yang saling menguntungkan di antara petani dan pasar melalui bimbingan pribadi.

Terletak di luar desa Canggu, anda bisa ikut serta dalam pengalaman pertanian dan dapur Maukami. Di sini, anda dapat mempelajari tentang sumber makanan organik lokal dan keterkaitan antara tanah dan piring saat anda berpartisipasi dalam prosesnya. Pengalaman ini termasuk mengunjungi pertanian dan memilih bahan-bahan yang anda akan gunakan, menggunakan metode dan alat tradisional Bali untuk menyiapkan dan memasak makanan, serta membuat kerajinan tangan dengan bahan dan sumber daya alam. Seluruh proses tersebut dilakukan dengan para petani lokal Bali dan penduduk desa dan seluruh pengalaman ini mengedukasi dan mendukung komunitas dalam kehidupan yang berkelanjutan, pertanian, dan nilai yang harus kita lindungi yaitu tanah pertanian Bali yang subur.

Ikut Serta

The Kul Kul Farm

Terletak di Sibang Kaja, di antara Denpasar dan Ubud adalah Kebun Kul Kul. Di tempat ini, permakultur, agroforestri, dan pertanian regeneratif`dipraktikkan.

Singkatnya, agroforestri adalah bentuk pertanian yang menggabungkan budidaya pohon di petaknya. Ini menciptakan keberagaman ekologi dan ekosistem yang tangguh. Ide permakultur tersebut adalah untuk menciptakan ekosistem pertanian yang berkelanjutan dan mandiri. Permakulture adalah perancangan cara hidup yang sehat secara ekologislah yang mendorong kita untuk menjadi pintar dan mandiri.

Pertanian regeneratif memprioritaskan perawatan ekosistem alam kita. Praktiknya meliputi meningkatkan kesehatan tanah dengan menggabungkan rotasi tanaman dan penanaman penutup, meningkatkan keanekaragaman tanaman untuk memperluas keanekaragaman hayati secara keseluruhan, mengelola penggembalaan bergilir untuk ternak, mengintegrasikan pengolahan tanah konservatif untuk mencegah erosi, membantu irigasi, dan meningkatkan kesehatan keseluruhan tanah; yang semuanya akan mendukung penyerapan karbon. Ini dapat membantu upaya kita untuk mengurangi dan memerangi perubahan iklim karena lebih banyak karbon yang diserap ke dalam bumi, lebih sedikit yang dilepaskan ke atmosfer kita.

Kebun Kul Kul telah mengadopsi konsep-konsep ini dan menawarkan lokakarya di dalam praktiknya. Kebun Kul Kul juga memiliki fokus besar untuk mendorong generasi muda - Bali dan asing - untuk bertani, di samping bekerja dengan masyarakat lokal dalam menyediakan pekerjaan pertanian yang bermanfaat. Sama seperti Maukami, pertanian Kul Kul bertujuan untuk memberdayakan masyarakat lokal dan tanah mereka dengan cara yang berkelanjutan secara lingkungan dan ekonomi, sambil mendidik semua orang tentang pentingnya pertanian yang berkelanjutan.

Astungkara Way

Astungkara Way

Akhirnya, sampailah kita di Astungkara Way. Proyek ini juga mengadvokasi keberlanjutan dalam ekonomi lokal, komunitas, dan ekosistem. Mereka melakukan ini melalui praktik pariwisata regeneratif sebagai lawan dari pariwisata massal.

Astungkara Way bertujuan untuk menghubungkan anda dengan makanan anda, dengan alam, dan dengan budaya Bali melalui pemberian pengalaman. Pengalaman ini termasuk perjalanan menyisiri pulau Bali di mana anda akan berjalan/mendaki melalui sawah, gunung, dan desa sekaligus belajar tentang sumber makanan Bali, berpartisipasi dalam kegiatan pertanian dengan petani lokal Bali, menemukan permata alam yang tersembunyi, terhubung dengan keluarga lokal, dan belajar tentang warisan Bali yang subur. Di satu sisi, Astungkara Way adalah kombinasi dari pengalaman dan tujuan Maukami dan Kebun Kul Kul.

Kalau anda ingin ikut bagian dalam salah satu pengalaman ini, anda bisa belajar tentang makanan khas Bali dan tentang tanah yang tumbuhnya, menghubung ke bumi melalui sarana budaya dan spiritual, dan mendukung tujuan pertanian berkelanjutan dan kemandirian ekonomi masyarakat Bali. Bagi saya, ini terdengar seperti cara sempurna untuk mendiversifikasi dan mempersonalisasikan perjalanan unik anda ke Bali!

- Kay Li Wouters

Astungkara Way

Pintu @ Kesari

Pintu dengan Desain

A rsitektur terkenal dengan penuh hiasan menunjukkan sikap dan sekaligus kerendahan hati. Bisa dikatakan kemampuan tentang suatu budaya melebihi dari pencarian kelangsungan hidup yang mendasar. Dalam cahaya itu ada sebuah ekspresi dan ciptaan yang memantul, membiaskan, mengembalikan kegembiraan ke keberadaan asalnya.

Dalam hal ini, daya tarik seni dan fungsi saling melengkapi satu sama lain dengan sempurna.

Foto oleh Thirumoolar Devar.

Daftar Komunitas Bisnis Gratis

UNGGAH DAFTAR BISNIS ANDA SECARA GRATIS

Terbaik di Bali

**Jika anda membutuhkan bantuan untuk menambahkan bisnis anda, kami siap membantu

Daftar Komunitas Gratis
Temukan hunian yang sempurna!

Kost - Apartemen
Vila - Rumah - Tanah
Persewaan - Sales

Tanah & Hunian

GRATIS UNTUK AGEN & PEMILIK PROPERTY

**Jika anda membutuhkan bantuan untuk menambahkan bisnis anda, kami siap membantu

artasedana
supermarket & department store

artasedana
shopping anything
supermarket & department store

gourmet	bali craft center	foodcourt	playground
find food, wine & gourmet grocer	find Bali here	makanan & minuman siap saji	arena bermain keluarga

supermarket	department store	fresh food	hardware
lengkap & selalu ada	trend masa kini	segar setiap hari	perabotan & perkakas lengkap

artasedana

- Artasedana Negara - Jl. Ngurah Rai No.95, Pendem, Kabupaten Jembrana
- Artasedana Seririt - Jl. Ngurah Rai No.1, Seririt, Buleleng
- Artasedana Ngurah Rai Singaraja - Jl. Ngurah Rai No.50, Buleleng
- Artasedana Sanur - Jl. Danau Tamblingan No.136, Sanur, Denpasar Selatan
- Artasedana Amlapura - Jl. Diponegoro No.14X, Karangasem
- Artasedana Sesetan - Jl. Raya Sesetan No.122, Sesetan, Denpasar Selatan

Foto Bersejarah Kecak

Tropenmuseum, part of the
National Museum of World Cultures

Langkah Bayi

Foto diambil pada September 2021 di sebuah desa terpencil di tengah hutan Bali Timur untuk upacara ulang tahun bayi berusia 1 tahun. Foto oleh Thirumoolar Devar.

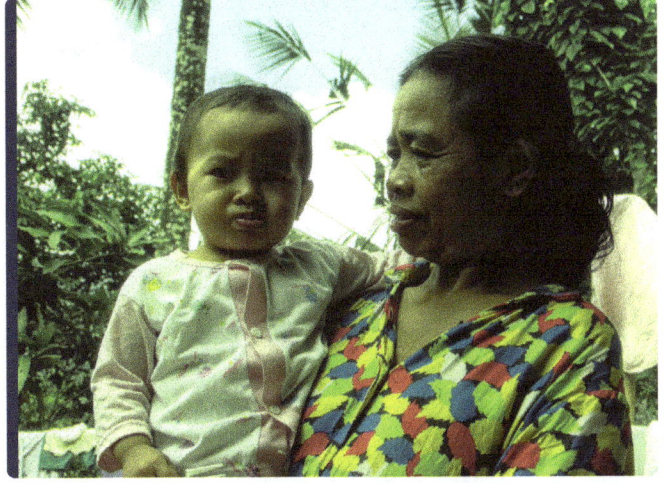

Portal Embarkasi

ilustrasi: Ngurah Yudha
cerita & pewarna: Thirumoolar Devar

Bilik kontribusi
Agung Tattoos

TARIK NAFAS...

...LEPASKAN

KOTA ITU MENYENANGKAN, TAPI GAYA HIDUPNYA TIDAK BERKESINAMBUNGAN. SAYA MERASA INI AKAN MENGHANCURKAN MASA DEPAN.

MELAMUN MEMBUATNYA TAK SADAR BADAI MENDEKAT DENGAN CEPAT

SEMUA TERJADI ADA ALASANNYA" AKU PERCAYA ITU..MUNGKIN UNTUK MERUGIKANKU

SELAMAT DATANG DI BIS DUNIA ASTRAL. MAU KE TUJUAN MANA ATAU HANYA MENGIKUTI PERJALANAN?

HAH!?! APA?

YA PAK, KITA ADA DI KERETA BUMI APUNG YANG DIDORONG OLEH ENERGI OMBAK. ENERGI OMBAK YANG DIPANDU OLEH GRAVITASI MAGNETIK

HOW TO Bali

EcoArts JOURNAL
ENGLISH EDITION

BIRTH OF AN ISLAND
science

KARMA CUBED
economics

OLD SCHOOL NEW BLOOD
surfing

PORTAL OF EMBARKATION
comics